Julio Jimenez

Vers la paix

Julio Jimenez

Vers la paix

ScienciaScripts

Imprint

Any brand names and product names mentioned in this book are subject to trademark, brand or patent protection and are trademarks or registered trademarks of their respective holders. The use of brand names, product names, common names, trade names, product descriptions etc. even without a particular marking in this work is in no way to be construed to mean that such names may be regarded as unrestricted in respect of trademark and brand protection legislation and could thus be used by anyone.

Cover image: www.ingimage.com

This book is a translation from the original published under ISBN 978-613-9-89208-2.

Publisher:
Sciencia Scripts
is a trademark of
Dodo Books Indian Ocean Ltd. and OmniScriptum S.R.L publishing group

120 High Road, East Finchley, London, N2 9ED, United Kingdom
Str. Armeneasca 28/1, office 1, Chisinau MD-2012, Republic of Moldova, Europe
Printed at: see last page
ISBN: 978-620-5-65490-3

PRÉFACE

Cette publication présente la compilation de 3 articles d'étude écrits entre 2009 et 2010, agissant dans le cadre d'événements qui, sans le savoir, portaient l'auteur vers le chemin de la Paix. Une dernière œuvre courte en prose a été incluse comme sonde de dégustation. J'espère qu'elle servira.

Julio Jiménez, 24 juin 2018

I. QU'EST CE QU'UNE CONSTRUCTION TROPICALE PASSIVE ?

1.0 INTRODUCTION

Les stratégies de construction à faible consommation d'énergie pour les régions tropicales ne sont pas encore aussi clairement comprises et réglementées que celles destinées aux climats tempérés ou froids. À mesure que les économies des pays tropicaux s'industrialisent et/ou se développent, les traditions de construction, les comportements sociaux et les habitudes de confort sont modifiés par des pratiques importées, telles que l'utilisation généralisée de la climatisation. Cette situation, associée à l'augmentation de la charge thermique interne des appareils, à l'élévation des températures mondiales et à la dépendance énergétique à l'égard d'hydrocarbures souvent importés, révèle que la conception de bâtiments tropicaux passifs est une question énergétique importante liée au bâtiment.

La façon d'aborder la conception passive tropicale est loin d'être établie. Alors que de nombreux architectes font l'éloge des connaissances traditionnelles du passé et méprisent toute forme d'appareil mécanique, d'autres installent négligemment des systèmes HT/AC coûteux. Les tentatives courageuses de construction de grands bâtiments reposant entièrement sur la circulation naturelle de l'air ont donné des résultats mitigés ou médiocres en termes de confort.

Face à cette situation, la recherche d'une approche cohérente de la conception passive sous les tropiques devient indispensable. En cherchant une voie de clarification, la lumière sera recherchée à la fois dans les principes traditionnels connus et dans les travaux récents connexes ou applicables qui ont été produits dans le monde techniquement plus développé.

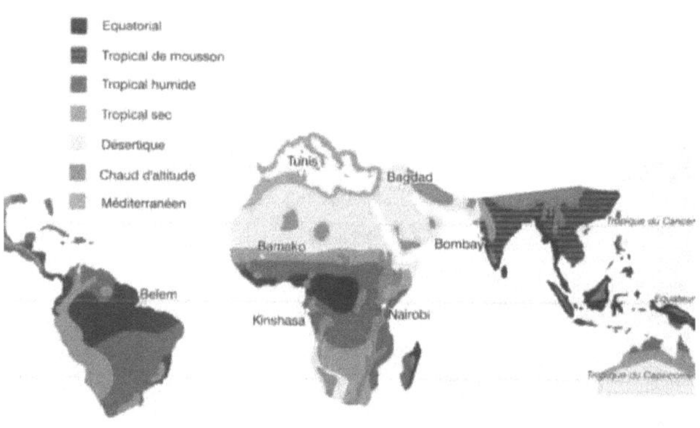

Figure 1. Climats chauds et tièdes dans le monde : Équatorial, Tropical de mousson, Tropical humide, Tropical sec, Désert, Tropical d'altitude, Méditerranéen (Liebard, A. et de Herde, A., 2000)

2.0 CLIMAT TROPICAL

Tout d'abord, il n'existe pas une seule définition du climat représentant l'éventail des conditions présentes dans les tropiques, généralement simplifiées à l'extrême comme "chaudes et humides". La description encore schématique du tableau 1 montre que les variations sont assez importantes (Liébard, A. et de Herde, A., 2000).

Tableau 1. Principales zones climatiques tropicales (d'après des informations recueillies auprès de Liébard, A. et de Herde, A., 2000 et Sacré C. et al, 1992)

Zone climatique	Localisation/latitude	Saisons et vent	Température et humidité
Equatorial	Près de l'équateur, c'est-à-dire à Belém, en Amazonie, en Afrique centrale, à Singapour, en Malaisie et en Indonésie.	Ne montre pas de changements de saison significatifs. L'air a tendance à stagner et les vents sont dominés par l'est.	entre 22 et 32°C Amplitudes journalières inférieures à 5°C Humidité très importante, proche du point de rosée.

Tropical humide (océanique)	Zones entre 20° et 20° L. Nord et 20° L. Sud c'est-à-dire Jakarta, Dar-es-Salam, Caracas...	Deux saisons différentes : sèche et humide Les tempêtes de vent locales, dont la vitesse peut atteindre 100 km/h, sont fréquentes.	entre 22 et 32°C Amplitudes journalières inférieures à 10°C mais pendant la saison sèche les températures nocturnes descendent en dessous de 20°C Humidité élevée, mais inférieure à celle de l'équateur
Tropicale sèche	Zone de "savane sèche", s'étendant de 10 à 15° de latitude nord et de 15 à 30° de latitude sud, c'est-à-dire le Mexique, le Burkina Faso, le nord de l'Australie, le nord-est de la Namibie et le Sénégal.	Trois saisons sont présentes : humide, sèche et chaude et très chaude.	Les écarts de température journaliers peuvent atteindre 11°C pendant la saison chaude et sèche. L'humidité relative est faible pendant les saisons chaudes, mais élevée (jusqu'à 95 %) pendant la saison humide.
Tropicale de haute altitude (douce)	Lieux de haute altitude dans les tropiques	Températures plus basses en raison de l'altitude. Le vent est tributaire des micro-conditions locales	Températures quotidiennes proches de la limite de confort et nuits confortables à fraîches. Jusqu'à 14°C par jour.

3.0 PRINCIPES DE REFROIDISSEMENT PASSIF

Lorsque l'on essaie de comprendre les stratégies passives pour les régions chaudes, il est utile de comparer les principes fondamentaux du refroidissement à ceux du chauffage. Le tableau 2 présente les principes fondamentaux du chauffage passif par rapport aux principes opposés correspondants du refroidissement passif.

Tableau 2. Principes généraux du chauffage passif et du refroidissement passif (synthétisé par l'auteur à partir de Harris, C. et Borer, C., Givoni, B. 1994 et Koch-Nielsen, H., 2008)

PRINCIPE DU CHAUFFAGE PASSIF	PRINCIPE DE REFROIDISSEMENT PASSIF

Gain de chaleur	Protection contre la chaleur/"puits" de chaleur
Conservation de la chaleur	Évacuation de la chaleur
Distribution et récupération de la chaleur	Dissipation et déshumidification

3.1 PROTECTION CONTRE LA CHALEUR

La protection thermique doit principalement être garantie en évitant l'exposition à la chaleur des éléments vitrés. Les principales stratégies qui y contribuent sont l'orientation du bâtiment, l'utilisation de matériaux (ou de peintures) "frais" et l'ombrage (Givoni, B., 1994 et Eicker, U., 2009). L'utilisation de matériaux vitrés avancés est également efficace (Liebard, A., 2000), mais ils augmentent considérablement les coûts de transport et d'énergie intrinsèque.

Figure 2. Différentes stratégies de protection solaire sur un bâtiment aux Antilles par Hauvette et Nouel (Liébard, A., 2000)

Orientation

Les valeurs de rayonnement solaire les plus élevées sont enregistrées sur les plans horizontaux, mais aussi sur les surfaces verticales est et ouest, de sorte que les bâtiments étroits disposés le long d'un axe longitudinal est-ouest sont privilégiés ; les façades est et ouest doivent être opaques et/ou bien ombragées par des éléments verticaux (Mueller, H.,2006).

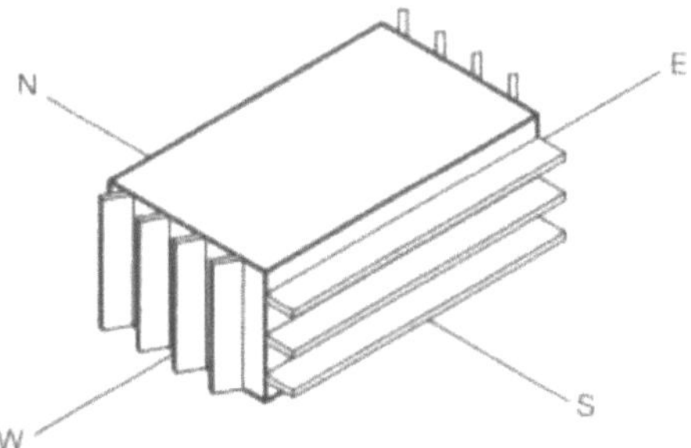

Figure 3. Protection verticale (Est et Ouest) vs protection horizontale (Sud) (Koch-Nielsen, H., 2008)

La direction des vents dominants doit être étudiée et prise en compte, car la ventilation la plus efficace est obtenue pour des orientations presque perpendiculaires au vent. Des éléments tels que les murs en aile peuvent être utilisés pour rediriger le vent afin d'obtenir de meilleures performances (Mueller, H., 2006).

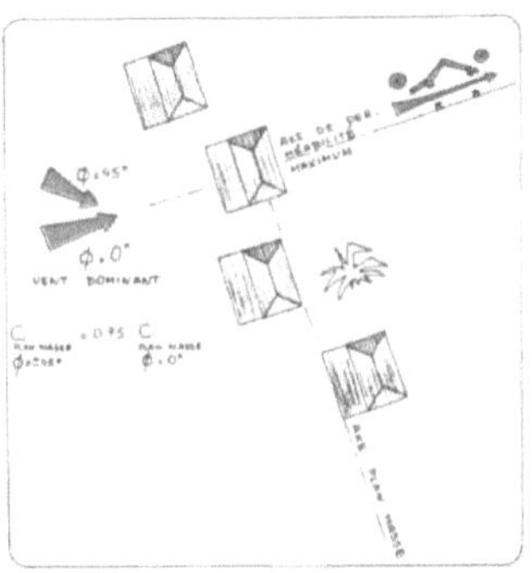

Figure 4. Influence de l'orientation du bâtiment sur le coefficient de vent (Sacré, C. et al., 1992)

"Matériaux "cool

Les matériaux de construction hautement réfléchissants, généralement blancs ou de couleur claire, sont désignés comme "cool". Dans la plupart des cas, ils n'ajoutent aucun coût supplémentaire, de sorte que leur application sur les toits et les façades est et ouest exposées des bâtiments devrait être encouragée (Akbari, H., 2007).

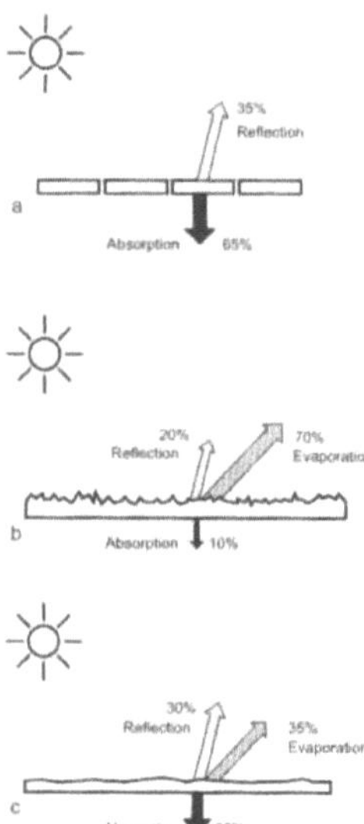

Figure 5. Impact des variations du couvert végétal sur le gain ou la perte de rayonnement (Koch-Nielsen, H., 2008)

Il a été démontré que la mise en œuvre à grande échelle de toits (blancs) frais, de revêtements frais (béton vs asphalte noir) et poreux pourrait réduire les demandes régionales de refroidissement jusqu'à 20 % (Akbari, H., 2007).

Ombrage

En plus d'avoir des surfaces fraîches, les toits sous les tropiques doivent être bien isolés et contribuer à l'ombrage des murs et des fenêtres. Si elle n'est pas protégée par une végétation naturelle ou des éléments d'eau, la couche externe des toits devrait également être ventilée sur sa face interne afin de dissiper la chaleur absorbée qui la traverse (Sacra, C. et al., 1992 et Mueller, H., 2006).

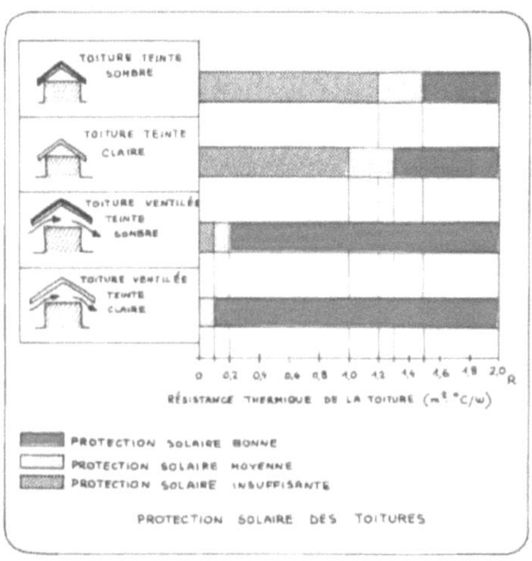

Figure 6. Influence de la peinture froide et de la sous-ventilation sur les valeurs R des toits (Sacre, C. et al, 1992)

Une protection et un contrôle efficaces contre les gains de chaleur solaire directe sur les fenêtres sont une condition préalable au refroidissement passif. La quantité de chaleur transmise par les surfaces vitrées de l'enveloppe d'un bâtiment est déterminée principalement par la quantité, la taille et l'orientation des ouvertures, les conditions extérieures telles que la végétation, les propriétés des dispositifs de protection solaire et la technologie des vitrages. Une étude sur les techniques de protection solaire réalisée en Inde a montré une réduction moyenne de 6°C dans les pièces lorsque des mesures efficaces sont adoptées (Sanjay, S, et Praha, C., 2008).

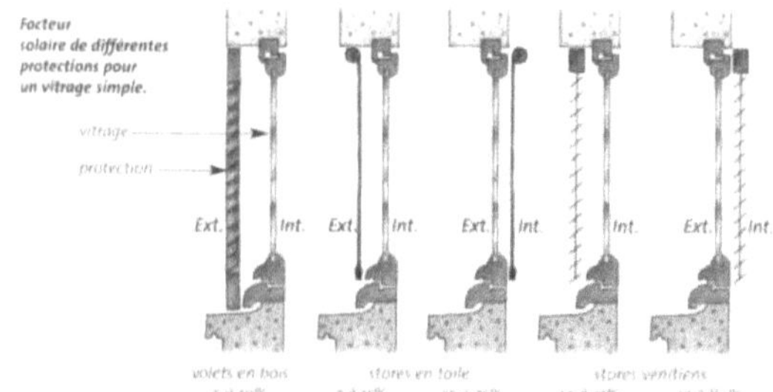

Figure 7. Diminution de la protection solaire : volets extérieurs en bois - stores en tissu - stores vénitiens (Salomon, T. et Haubert, C., 2004)

Figure 8. Différents dispositifs d'ombrage horizontaux et verticaux sur des bâtiments en Australie (en haut à gauche), au Burkina Faso (en haut à droite), en Guadeloupe (en bas à gauche) et au Mozambique (en bas à droite) (Koch-Nielsen, H., 2008)

Comme le veut la tradition (voir la figure 9), l'ombrage doit être incorporé par la mise en place stratifiée de zones tampons ombragées. Les espaces intermédiaires ainsi créés empêchent la lumière directe du soleil de frapper les fenêtres et les murs du bâtiment et éliminent en interne la plupart des éblouissements.

Figure 9. Maison tropicale traditionnelle ombragée tout autour par des vérandas (Sacre et al., 1992).

L'utilisation de mesures d'ombrage appropriées permet de réduire jusqu'à 80 % l'éclairage artificiel diurne, tout en évitant les gains de chaleur (Laar, M. et Grimme, F., 2002). Cependant, les dispositifs d'ombrage peuvent réduire les niveaux de lumière du jour à un point tel que la consommation d'énergie de la lumière artificielle peut dépasser les besoins de refroidissement. Les systèmes de protection doivent donc être équilibrés et contrôlables, et intègrent souvent une combinaison d'éléments tels que des tablettes lumineuses ou des persiennes mobiles vers l'extérieur pour ajuster la pénétration effective de la lumière du jour (Mueller, H., 2006, et Malik, A. et

Rahman, A., 2005).

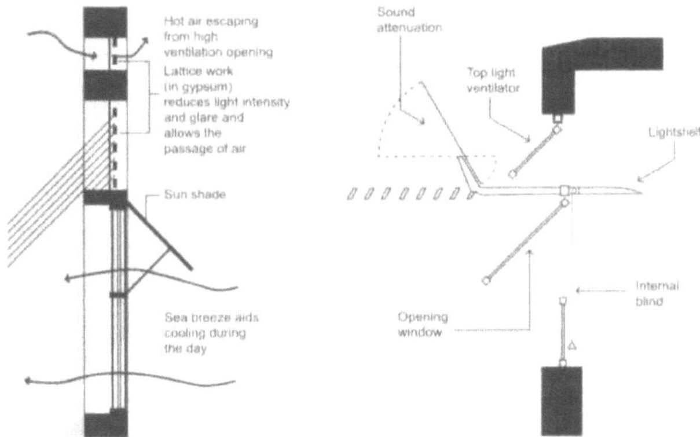

Figure 10. Exemples de stratégies combinant ombrage, ventilation et éclairage naturel (Koch-Nielsen, H., 2008).

Parois ventilées en couches

Sans tenir compte de l'orientation, une couche de protection externe bien ventilée et parallèle au mur fournira une protection thermique efficace. Il peut s'agir, par exemple, d'un treillis métallique, d'un mur sec, de bois ou de végétation ventilé à l'extérieur (voir figure 11).

Figure 11. Exemples de dispositifs d'ombrage muraux en couches : végétation, persiennes, végétation sur grille, couche extérieure à faible émission et peau intérieure réfléchissant la chaleur (Koch-Nielsen, H., 2008).

Masse thermique

Dans les climats chauds, la protection thermique doit être combinée avec des "puits de chaleur" (c'est-à-dire des éléments végétaux, terrestres ou aquatiques de masse thermique) (Salomon, T. et Aubert, C., 2004). Cependant, la masse thermique doit être évitée dans les zones à très forte humidité en raison de la condensation (Sacre, C. et al., 1992), son application étant peut-être limitée aux régions tropicales sèches et de haute altitude.

Refroidissement du sol

Selon certains chercheurs, le refroidissement par le sol n'est pas efficace dans les climats tropicaux étant donné que le sol n'y est pas aussi frais que dans les régions tempérées ou froides. Cependant, il s'est avéré être une stratégie efficace dans les projets situés dans des zones tropicales de plus haute altitude, en combinaison avec la masse thermique (Adarve, A., 2006).

Végétation

Les régions tropicales sont en général bénies par une végétation exubérante à croissance rapide qui doit être utilisée pour protéger les façades afin d'améliorer le confort et la qualité de l'air en plus de réduire la consommation d'énergie. Parmi les autres avantages des arbres d'ombrage, citons la diminution de l'eau de ruissellement, le refroidissement par évaporation et la séquestration directe du carbone (Akbari, H., 2007).

Figure 12. Maison tropicale intégrant végétation, masse thermique, murs ventilés (par l'auteur)

5.2 ÉVACUATION DE LA CHALEUR

Ventilation naturelle

Le mouvement de l'air crée un effet de refroidissement sur la peau humaine par évaporation, qui peut réduire de 3 à 4°C la température de confort effective ressentie par les occupants, lorsque des vitesses d'air internes comprises entre 1,0 et 1,5 m/s sont obtenues.

Cet objectif peut être atteint dans les climats où la température est inférieure
à 32°C, où les vents sont fréquents et constants (au moins 50 % du temps) et
où la porosité globale du bâtiment est supérieure à 15 % (Sacré, C. et al,
1992).

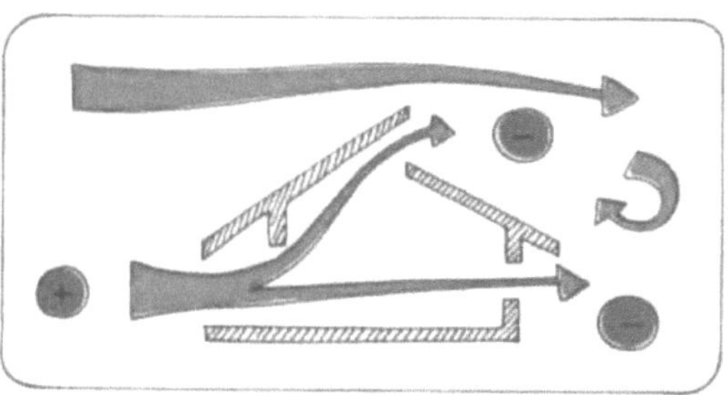

Figure 13. Ventilation transversale induite par la pression différentielle due aux
ouvertures et à la forme (Sacre, C. et al, 1992)

L'interaction entre le vent incident et le bâtiment génère des modèles de
distribution de pression positive et négative (Figure 13). Afin d'atteindre
l'équilibre, la distribution de pression résultante induit une ventilation croisée
à travers le bâtiment (Koch-Nielsen, H., 2008). Des stratégies visant à
améliorer la ventilation croisée ont été étudiées et des modèles simplifiés
existent, mais une évaluation précise peut nécessiter une modélisation
complexe (Kolokotroni, M. et Santamouris, M., 2007). Des directives
simplifiées sont également disponibles pour intégrer l'influence de la
topographie du site, de la végétation, de la direction du vent et de la
morphologie du bâtiment (Liébard, A. et de Herde, A., 2000).

Une ventilation interne appropriée doit être assurée par une irrigation
homogène de l'air et une évacuation efficace. Les cloisons internes, les
fenêtres et les portes perpendiculaires à la direction principale du flux d'air
doivent être aussi perméables que possible, comme l'illustre la figure 14. Les
éléments périmétriques des fenêtres doivent pouvoir s'adapter aux besoins
de confort variables des occupants, ainsi qu'aux conditions climatiques
changeantes telles que l'augmentation soudaine de la vitesse du vent
extérieur et la pluie.

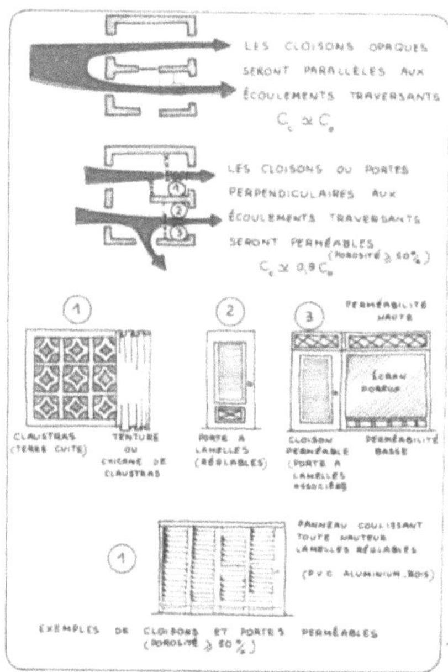

Figure 14. Exemples de portes et de cloisons perméables (Sacre, C. et al., 1992).

Si le bâtiment comporte des ouvertures opposées à différents niveaux, comme le montre la figure 15, et qu'une différence de température est atteinte ou générée entre les deux zones, un effet de cheminée se produit (Koch-Nielsen, H., 2008). L'utilisation de schémas combinés de ventilation transversale horizontale et de flux de cheminée a été appliquée avec succès dans des bâtiments complexes et de grande taille (Adarve, A., 2006).

Refroidissement par évaporation

Des pots en terre remplis d'eau, des tissus imbibés d'eau ou du charbon de bois humide peuvent être placés dans les entrées d'air, refroidissant l'air à mesure que l'eau s'évapore, ce que l'on appelle le *refroidissement par évaporation* (Givoni, B., 1994). Plus l'air est sec, plus l'efficacité est grande, car une plus grande quantité d'eau peut être évaporée et la chaleur absorbée. Les experts ne recommandent donc pas l'utilisation du refroidissement par évaporation lorsque l'humidité est élevée (Liebard, A. et de Herde, A., 2000). Cependant, les résultats de tests de toits en tuiles de fibrociment utilisant la pulvérisation d'eau à intervalles au Brésil ont montré de bons résultats même pendant les saisons à forte humidité (Barboza, C. et Chebel, L, 2006).

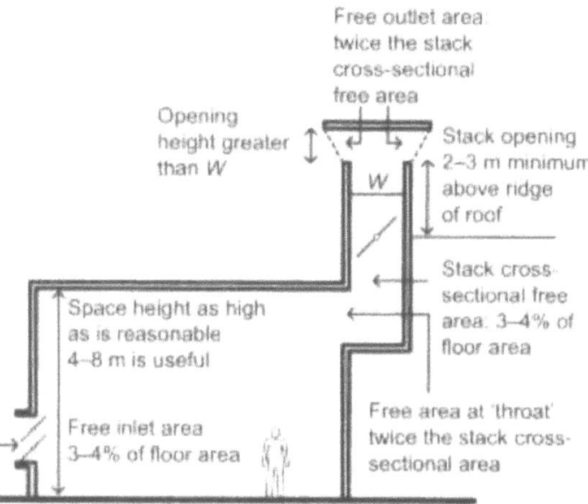

Figure 15. Principaux facteurs de conception à prendre en compte pour la ventilation par cheminée (Koch-Nielsen, H., 2008)

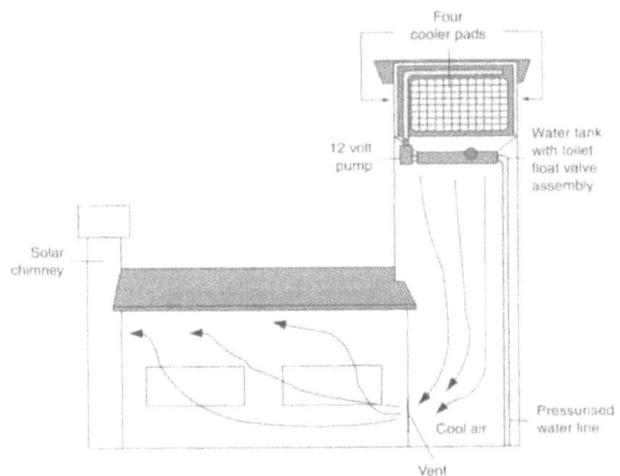

Figure 16. Tour de refroidissement par évaporation pilotée par un dispositif (Parker, D., 2009)

Dispositifs de ventilation du toit

Des dispositifs de ventilation peuvent être incorporés dans le toit pour renforcer l'effet d'écope ou l'effet de cheminée, et une combinaison de ces techniques peut être appliquée pour traiter les conditions climatiques changeantes (figures 16 et 17).

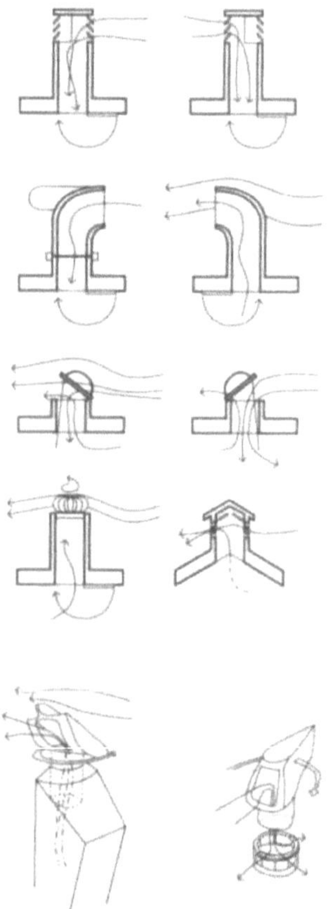

Figure 17. Différents exemples de dispositifs de ventilation de toit (aspiration et écopage) (KochNielsen, H., 2008)

5.3 DISSPATION DE LA CHALEUR, DÉSHUMIDIFICATION (ET REFROIDISSEMENT...)

Ventilateurs de plafond

Les ventilateurs montés au plafond doivent être larges et tourner lentement, créant un mouvement d'air doux. Pour être efficaces, ils doivent avoir un diamètre d'au moins 1,4 mètre, tourner à une vitesse d'au moins 0,7 m/s et avoir des pales métalliques (Sacre, C. et al., 1992).

Ventilation forcée et hybride

La ventilation forcée ou hybride doit être introduite lorsque la vitesse du vent naturel est trop faible ou que les bâtiments doivent être fermés en raison de conditions extérieures extrêmes. Dans ce cas, l'isolation, l'étanchéité à l'air et le contrôle prennent de l'importance (Ford, B. et al., 2007).

Les systèmes mécaniques doivent être optimisés et, si possible, alimentés par des systèmes renouvelables intégrés, mais l'avantage de les introduire est que les conditions peuvent être plus stables et que la ventilation peut être dirigée selon les besoins (Kolokotroni, M. et Santamouris, M., 2007). De plus, ils peuvent être placés dans des endroits où le mouvement de l'air est critique, comme les cavités du toit (Kolokotroni, M. et Santamouris, M., 2007).

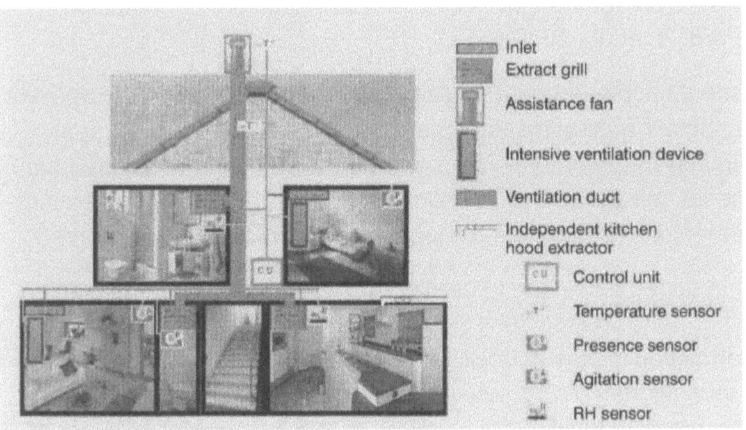

Figure 18. Système de ventilation hybride pour climat chaud (kolokotroni, M. et Santamouris, M., 2007)

La température et l'humidité de l'air intérieur devraient être les principaux paramètres de contrôle à prendre en compte dans la stratégie de gestion du bâtiment (Ford, B. et al., 2007). Les tâches de contrôle peuvent être subdivisées en fonction des schémas d'occupation du bâtiment, ainsi qu'en intégrant les contrôles des dispositifs de protection solaire. (kolokotroni, M. et Santamouris, M., 2007).

Les systèmes d'air décentralisés sont préférables aux grands systèmes centralisés, car ils facilitent le contrôle direct de chaque zone, ce qui réduit la consommation d'énergie s'ils sont bien exploités et réduit également la longueur et le volume des conduits.

(Harris, C. et Borer, P., 2005). Les conditions de confort dans les grandes constructions complexes peuvent être gérées en séparant le bâtiment en différentes "zones thermiques" de degrés variables de porosité, d'ouverture et de traitement mécanique (Aravena, A., 2006).

Ventilateur à récupération d'énergie

L'équivalent du système de récupération de chaleur utilisé dans les climats froids serait le ventilateur à récupération d'énergie (VRE), qui a déjà prouvé être une solution viable pour les climats méditerranéens d'été (Ford, B. et al., 2007). Des roues dessicantes peuvent être mises en place pour transférer l'humidité du flux d'air humide entrant vers le flux d'échappement. L'inconvénient est que les roues doivent être remplacées fréquemment, ce qui fait que les VRE se saturent au fil des périodes chaudes et humides successives (Ford, B. et al., 2007).

Un refroidissement supplémentaire de l'air pourrait être obtenu en incorporant des pompes à chaleur à air alimentées par l'énergie solaire (Ford, B. et al, 2007) ou d'autres systèmes mécaniques alimentés par l'énergie solaire plus "lourds" comme les refroidisseurs à absorption (Eicker, U., 2009) en dernière option et seulement après avoir épuisé toutes les techniques précédentes.

Les méthodes hybrides telles que la dernière devraient être étudiées plus en profondeur et leur performance dans les régions tropicales testée afin de fournir des alternatives fiables et intelligentes à faible consommation d'énergie aux techniques HT/CA gaspilleuses d'énergie récemment importées par la pratique locale.

6.0 CONCLUSION

Qu'est-ce que Tropical Passive ?

Cette brève revue montre qu'une conception intelligente des bâtiments sous les tropiques ne se limite pas à la lecture des manuels HV/AC, mais qu'elle ne doit pas ignorer complètement les systèmes mécaniques. Elle doit le faire :

- Tenir compte des caractéristiques climatiques locales, variables selon les régions tropicales.
- Conserver l'énergie par une protection thermique intelligente

(matériaux, ombrage) et l'utilisation de "puits de chaleur".

· Évacuer efficacement la chaleur grâce à des principes de ventilation naturelle judicieux.

· Dissiper mécaniquement la chaleur et déshumidifier l'air lorsque cela est nécessaire.

- · Combiner de manière créative, mais rationnelle, différentes méthodes, approches et "zones thermiques".
- · Ne laissez les applications mécaniques, telles que les pompes à chaleur ou les refroidisseurs à absorption, qu'en dernière option.

Limites de cet essai

En raison d'un manque d'espace, de temps ou de recherches disponibles, il n'a pas été possible de fournir un compte rendu plus précis ou plus détaillé :

- · Stratégies spécifiques pour chaque sous-région climatique tropicale
- · Détermination des paramètres réels de confort thermique à utiliser (doit-on utiliser les mêmes que pour les climats tempérés ou froids ?)
- · Méthodes d'analyse paramétrique de l'ombrage et de la lumière du jour
- · Limites d'applicabilité du refroidissement par évaporation
- · Considérations techniques de conception des systèmes de récupération d'énergie et de déshumidification
- · Le rôle des systèmes intégrés d'énergie renouvelable pour aider à la dissipation de la chaleur

"Tout naturel" contre "tout HV/AC".

Le travail présenté devrait informer les amateurs de conception HT/AC et de conception "naturelle". D'une part, dans les climats très chauds et humides, une assistance mécanique au refroidissement sera souvent nécessaire, mais cette dernière ne doit pas être appliquée aveuglément, ni ignorer la "conception passive". La climatisation n'a pas libéré la conception des bâtiments de ses contraintes climatiques et microclimatiques locales, mais les stratégies passives naturelles ne sont pas capables de résoudre tous les problèmes. La réponse consiste à suivre intelligemment une approche intégrée hybride qui combine le climat local, le site, la végétation, l'orientation, la configuration, la protection, la ventilation, la différenciation des espaces, la récupération d'énergie, le refroidissement et la production d'énergie renouvelable. L'éventail des connaissances et des compétences requises est très large ; il faut donc faire preuve d'ouverture d'esprit et être capable de travailler avec d'autres personnes. Il n'y a pas de réponse unique, aussi toute position orthodoxe pourrait-elle conduire à l'échec ou au fiasco.

Implications des recherches futures

La conception passive tropicale à l'ère du "post peak oil" est un domaine qui nécessite des recherches approfondies. Certains domaines nécessitent des investigations :

- Les stratégies les plus efficaces pour chaque sous-région tropicale
- Optimisation de l'ombrage par rapport à la lumière du jour pour différentes configurations de bâtiments
- Ventilation croisée en combinaison avec des stratégies de cheminée verticale
- Limites d'applicabilité du refroidissement par évaporation
- Systèmes de récupération d'énergie et de déshumidification en combinaison avec la ventilation naturelle
- Le rôle des systèmes photovoltaïques tels que les pompes à chaleur à air.

II. LE SOL ET LA SOURCE

INTRODUCTION

Dans la postface de l'édition 2001 de *The Voice of the Earth*, le professeur Teodore Roszac déclare qu'il supposait, lorsqu'il a écrit le livre en 1992, que les psychologues et les écologistes trouveraient utile d'établir un dialogue "qui enrichirait les deux domaines et jouerait un rôle important dans la politique publique" (Roszak, 2001). "Je me suis trompé", déclare-t-il. "J'ai découvert que peu de psychologues s'intéressent aux relations qui vont au-delà du couple, de la famille et peut-être du lieu de travail".

Roszak avait du mal à comprendre pourquoi la mise en place d'un tel "effort interdisciplinaire" entre écologie et psychologie était si difficile ? Pourquoi, même après des preuves solides du mal qu'ils s'infligent, les gens continuent-ils à pratiquer des habitudes nocives comme s'ils étaient "piégés" dans la "folie" ? (Roszak, 2001).

En conséquence, selon Roszak, "...la raison et la logique ne peuvent à elles seules résoudre le dilemme..... Il faudra invoquer une force plus grande en nous, une loyauté instinctive envers la planète vivante" (Roszak, 2001). Dans un monde régi par les données concrètes et la rationalité, comment pouvons-nous ouvrir un espace pour une proposition aussi intangible, presque mystique ? Comment pouvons-nous effectivement "invoquer" cette "force supérieure en nous" afin de la rendre utile et efficace ?

Cette question est pertinente car elle appelle à une reformulation de la pensée et de la pratique, nécessaire pour dépasser les orthodoxies disciplinaires fragmentaires encore dominantes, établies depuis le siècle des Lumières, qui séparent l'objet du sujet et nient la place de la spiritualité et du lien avec la nature. L'approche transdisciplinaire naissante de l'enquête (Nicolescu, 2008), complétée par la pensée et l'éthique complexes d'Edgar Morin (Morin, 1977, 1980, 1986, 1991, 2001, 2004) pourraient servir de guides ontologiques, épistémologiques et logiques vers la reconnexion de ce qui a été déchiré.

APPROCHES DISCIPLINAIRES

Vers le milieu du vingtième siècle, les universitaires ont commencé à jeter des ponts entre les disciplines en pratiquant la *multidisciplinarité* et *l'interdisciplinarité.*

La multidisciplinarité introduit la perspective de plusieurs disciplines à la fois, enrichissant ainsi la vision du sujet en question (Montuori, 2008). Par exemple, l'écologie et la psychologie peuvent se nourrir mutuellement l'une de l'autre, fournissant ainsi une définition de la santé mentale orientée vers l'écologie (Roszak, 2001). La compréhension de la psychologie est élargie et approfondie, mais l'inconvénient est que le traitement de la question reste dans le domaine exclusif de la discipline centrale originale, en l'occurrence la psychologie.

L'interdisciplinarité concerne le transfert de connaissances et de méthodes d'une discipline à une autre, ce qui conduit fréquemment à la création de nouvelles disciplines hybrides telles que l'écopsychologie. Même si l'interdisciplinarité déborde et nourrit le champ des disciplines d'origine, sa logique reste enfermée dans le cadre limitatif de la pensée disciplinaire indépendante (Nicolescu, 2008).

D'autre part, la *transdisciplinarité* rassemble ce qui est "à la fois entre les disciplines, à travers les différentes disciplines et au-delà de toutes les disciplines" (Nicolescu, 2008). L'objectif de cette approche de la connaissance est de renouveler *notre compréhension du monde à travers l'unité de la réalité, de la perception et du domaine sacré.*

TRANSDISCIPLINARITÉ

La connaissance disciplinaire divisée se concentre sur un seul "niveau de réalité" ou même un fragment de celui-ci (Nicolescu, 2008). Rozsak critique cet état de fait, en disant que la plupart des psychologies modernes ne s'intéressent qu'aux relations sociales entre les humains, excluant la possibilité de toute relation entre les êtres humains et non humains, le cosmos et le microcosme (différents *Niveaux de Réalité*). A l'inverse, la transdisciplinarité intègre la dynamique de plusieurs niveaux de réalité et de perception à la fois, sans exclure les disciplines en question, comme par exemple l'écologie, la psychologie et la nouvelle cosmologie, dans le cas de l'écopsychologie.

Cette approche transdisciplinaire est mieux expliquée par le schéma de la **figure 1**. À gauche, l'*objet transdisciplinaire* représente les différents *niveaux de réalité* et les flux d'information, tandis que le *sujet transdisciplinaire* de la partie droite représente les différents *niveaux de perception* et les flux de conscience. Alors que les niveaux de réalité représentent la connaissance *in* *vitro* (théorique), les niveaux de perception découlent de la connaissance *in vivo* (Nicolescu, 2008), dans laquelle les structures cognitives et le sens commun émergent des expériences sensorielles et motrices (Varela, 1996).

Les groupes de systèmes naturels appartenant au même niveau de réalité sont régis par des ensembles de lois donnés (par exemple, les entités quantiques (un niveau) ou la physique classique (un autre niveau)) : un changement à travers les niveaux de réalité modifie les lois et les concepts qui gouvernent le système. D'autre part, les fondements modernes de la compréhension des différents niveaux de perception existants ont été posés par Edmund Husserl et l'école de la phénoménologie (Nicolescu, 2008), suivis par les découvertes plus récentes dans le domaine de la cognition non rationnelle (sensorielle) (Varela, 1994).

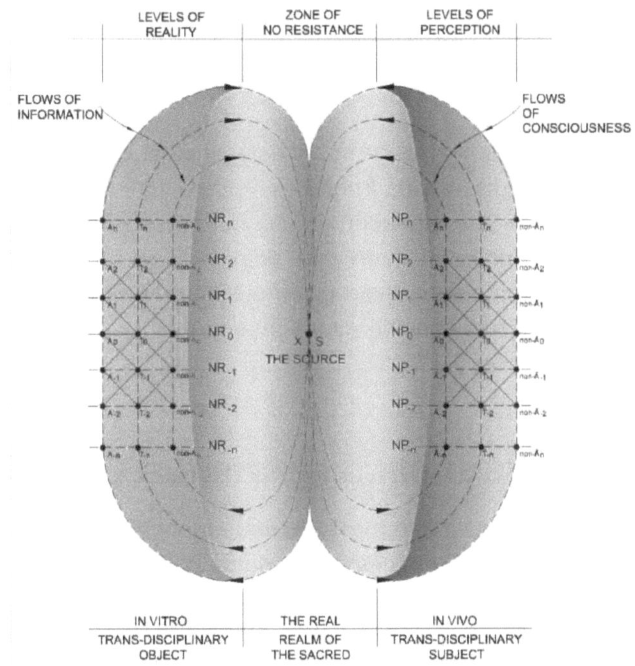

Figure 1. Objet transdisciplinaire (Nicolescu, 2008)

Il existe une cohérence et une connexion entre les niveaux de réalité et les niveaux de perception, qui s'oriente et s'étend vers et à travers une *zone de non-résistance* où *le réel* réside et où les niveaux de réalité et les niveaux de perception se dissolvent : le réel, " voilé " de la réalité (d'Espagnat, 1994) est l'intersection de l'objectif et du subjectif dans le *domaine du sacré*, une dimension animatrice qui entraîne continuellement la transformation et le devenir, ce que d'autres ont appelé le sol (Alexander, 2004), qui donne accès au grand processus du monde vivant (Jullien, 2008) et à la réalisation de soi (Naess, 1989).

Les boucles de cohérence, qui devraient être interprétées de manière plus appropriée comme des *champs de relation* (Neyrat, 2008), relient et pénètrent le Réel, la Perception et la Réalité, permettant ainsi le passage du Sacré dans et à travers tous les aspects scientifiques et perceptifs de la nature et de la connaissance : " la *connaissance n'est ni extérieure ni intérieure : elle est simultanément extérieure et intérieure* " (Nicolescu, 2008).

Les flux ouverts d'information à travers l'*objet transdisciplinaire* et les champs ouverts de conscience à travers le *sujet transdisciplinaire* se rencontrent en un point commun, que Nicolescu appelle X, mais que nous appelons ici S, d'après *Source* : La Source de toute Réalité, de toute Perception, de toute Interaction et de toute Création.

L'une des forces de cette nouvelle approche de la connaissance et de la nature est que non seulement elle dissout les frontières rigides entre les disciplines, mais qu'elle échappe à la coagulation en une nouvelle discipline (comme, par exemple, l'écopsychologie). L'interaction entre le Sujet multi-niveau, l'Objet et la Source sans dimension reste ouverte et régénératrice, prenant en compte simultanément des considérations théoriques, phénoménologiques et expérientielles.

DISCIPLINES SCIENTIFIQUES ET CULTURE SPIRITUELLE

Nicolescu explique que le savoir disciplinaire n'est pas seulement fragmenté en raison d'une disjonction interne, il est lui-même fragmenté par rapport à l'ensemble du Réel. En échappant au Réel (le sacré) et à l'expérientiel, les disciplines ne travaillent qu'à l'intérieur de la partie gauche objective du diagramme. Mais il s'agit en fait d'une situation illusoire qui conduit à la disjonction de la connaissance d'avec la perception, la conscience et finalement le Réel (Figure 2).

En revanche, les cultures du monde intègrent clairement au moins un niveau de Réalité, un niveau de Perception mais embrassent toujours la zone de non-résistance du sacré. Comme l'illustrent schématiquement les **figures 2**

et 3, le difficile dialogue entre les cultures techno-scientifiques et les cultures du monde ne pourra réellement avoir lieu que lorsque la technoscience deviendra "une véritable culture" (Nicolescu, 2008), capable de provoquer une reconnexion.

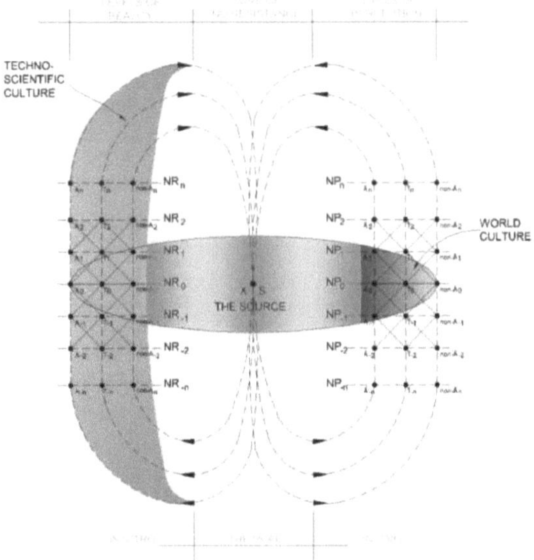

Figure 2. Cultures technoscientifiques et mondiales (D'après Nicolescu, 2008, selon l'interprétation de l'auteur)

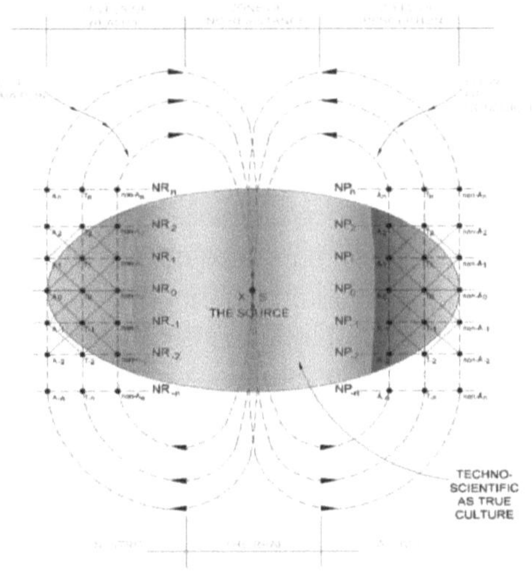

Figure 3. Le technoscientifique comme "vraie culture" (d'après Nicolescu, 2008, selon

Sous cet angle, le projet transculturel d'un *monde commun* ne semble pas utopique : si nous nous ouvrions tous et embrassions le Réel, le conflit des cultures se dissoudrait tout simplement. Et, comme l'explique Shiva, la résolution de ce conflit est finalement cruciale pour la subsistance et la durabilité (Shiva, 2005).

LA COMPLEXITÉ SOCIALE ET NATURELLE

La transdisciplinarité peut être utilement complétée par la pensée complexe de Morin dans la tâche difficile de susciter une conscience et une réforme de la pensée écologiques.

Mais qu'est-ce que la complexité ? Parmi les nombreuses définitions, la plupart se basent sur l'information, l'entropie ou le chaos, dans le but d'expliquer la relation entre les parties et le tout d'un système (Benkirane, 2006). Mais Morin, lui, préfère illustrer simplement la complexité à partir de la signification de son mot racine *complexus* : ce qui lie ou relie.

> *"Je me suis sentie connectée à notre héritage planétaire, animée par la religion de ce qui relie, le rejet de ce qui rejette, une solidarité infinie ; celle que le Tao appelle l'Esprit de la Vallée, qui reçoit avec douceur toutes ces eaux qui se déversent sur elle"* (Morin, nature).

La pensée et l'approche de l'éthique de Morin se fondent principalement sur une compréhension de la *nature de la nature*, de la *vie de la vie*, de la *connaissance de la connaissance*, du monde des idées (*la noosphère*) et de l'*humanité de l'humanité*. Dans cette perspective, les humains doivent d'abord développer une compréhension historique de l'émergence de l'univers, de l'émergence de la vie et de l'émergence du cerveau afin d'atteindre une compréhension contextuelle de l'émergence de la société humaine. Cette approche de la connaissance conduit à l'intériorisation et au développement d'une véritable conscience éthique (Morin, 1977, 1980, 1986, 1991, 2001, 2004).

La conscience, après le cerveau rationnel, est la dernière couche de complexité qui a été ajoutée par l'évolution à l'esprit humain, mais nous sommes encore à l'ère de la "préhistoire de la conscience" (Morin, 1986). En d'autres termes, le potentiel réel de la conscience n'a pas encore été mis en œuvre et nécessite un développement interne et social supplémentaire par le biais de la connexion, de l'interaction et de l'éducation (Morin, 2004).

> *"...Il est évident que la réforme de la pensée ne vise pas à annuler nos capacités analytiques, différenciatrices, mais à les incorporer au type de pensée qui relie les choses."* (Morin, 2008).

Mais la *connexion* nécessite l'incorporation de certains concepts que Morin appelle "opérateurs de liaison" :

- **Le concept d'organisation systémique.**
- **La causalité circulaire** (rétro-action et récursion).
- **Dialogique** (dialogue et interaction entre des processus ou des instances antagonistes).
- **Le principe holorgaphique** : la partie est dans le tout mais le tout est dans chaque partie.
- **Praxis complexe de l'enquête** : être capable de séparer et de reconnecter les concepts.

Outre ce dernier point, deux conditions historiquement favorables devraient actuellement contribuer à la réforme de la pensée :

- **La réalité quantique** : dépasser la vision mécaniste de l'univers
- **La révolution systémique** (encore à l'aube) : émergence de nouvelles sciences systémiques (comme la permaculture (Holmgren, 2002)).

En revanche, la menace la plus importante pour la réforme de la pensée est le paradigme dominant de la réduction et de la disjonction, qui nous enferme dans les limites des structures institutionnelles dominantes existantes : ce à quoi Roszak fait référence lorsqu'il dit que les gens se sentent "piégés" dans la folie. Par conséquent, selon Morin, la société se trouve dans une boucle vicieuse : " la réforme de la pensée nécessite une réforme des institutions qui elle-même nécessite une réforme de la pensée " (Morin, 2008).

La sortie de ce cercle vicieux n'est nullement évidente mais, si l'on admet ce dernier, la réforme de la pensée ne se fera pas sans réforme institutionnelle. Dans notre monde, cela signifierait une réforme radicale des institutions politiques, économiques et juridiques, ce que la plupart d'entre nous ne sont pas prêts à faire, et de plus, pour la classe dirigeante, "Comment changer sans changer ?" est la question cruciale en termes de gouvernance" (Neyrat, 2008).

REMARQUE FINALE

Mais Rozsak a également évoqué la réforme institutionnelle dans sa postface de 2001 à *The Voice of the Earth*, lorsqu'il a déclaré :

> • ...je suis convaincu que l'écopsychologie a un rôle prometteur à jouer dans la politique environnementale. L'une de ses initiatives les mieux définies concerne le droit de l'environnement". (Rozsak, 2001).

Après 20 ans, il semble quelque peu déçu par le manque d'efficacité de ses vives révélations et lance l'appel à une réforme institutionnelle.

La discussion ci-dessus sur les cultures technoscientifiques et mondiales, à travers le prisme de la transdisciplinarité, explique comment les institutions (politiques, économiques, juridiques, etc.) pourraient être réformées : elles sont verticales et unilatérales ou fragmentées : purement rationnelles et objectives. Rendez-les horizontales et transversales (qu'elles deviennent de "vraies cultures") et permettez-leur de s'unir et d'interagir avec les différents niveaux de réalité et de perception et ainsi elles pourront pénétrer dans le Sol, la *zone de non résistance*, qui mène directement à la Source : la *source de toute vie*.

CONCLUSION

Comment pouvons-nous invoquer cette "force supérieure en nous" (Roszak, 2001) ?

L'écopsycholgie, comme tous les autres efforts importants visant à guérir notre relation avec l'environnement, nécessite un cadre d'enquête et d'action. Ce court essai montre que la transdisciplinarité et la pensée complexe peuvent contribuer efficacement à compléter ce cadre mental. Entre autres possibilités, elles peuvent aider à :

- Repositionner le contexte des sciences, où se situe la psychologie, afin qu'elles deviennent réellement transversales, incluant ainsi différents niveaux de réalité et de perception/conscience.
- Ouvrir la *zone de non-résistance* du réel (*le sol*) afin de rétablir la connexion avec toute la nature et tous ses êtres existants.
- Établir les conditions préalables à l'éclosion de la conscience écologique par une réforme des institutions et de la pensée : rendre la pensée et les institutions transdisciplinaires (Real).

Limites de cet essai

En raison du manque d'espace, de temps ou de sources disponibles, un compte rendu plus précis n'a pu être fourni sur :

- Enquêtes transdisciplinaires actuelles dans différents contextes et cultures
    - Tendances actuelles de l'écopsychologie et relations possibles avec la transdisciplinarité
    - Explication plus détaillée de certains concepts importants de transdisciplinarité et de pensée complexe.
    - Activités récentes de recherche transdisciplinaire.

Implications pour l'orthodoxie existante

L'approche de la réforme écologique de la pensée présentée peut compléter et aider l'écopsychologie et de nombreuses autres disciplines à corriger les tendances encore écrasantes et néfastes de la pensée classique et moderne, notamment :

- La pensée binaire
- Fragmentation et exclusion
- Disjonction
- Domination

Implications des recherches futures

- Ecopsychologie et société transculturelle
- Conditions sociales requises pour l'émergence de l'être transversal
- Conditions sociales, mentales et épistémologiques requises pour l'émergence d'institutions transdisciplinaires
- Implications pour la conception urbaine et la construction de bâtiments.

III. BRINS DE CONVIVIALITÉ

INTRODUCTION

La notion et la politique dominantes du *développement durable* n'infléchissent pas la fragilité environnementale croissante créée par l'obsession de la croissance et de la surexploitation des ressources (Daly, 1996, Jackson, 2009), bien au contraire. Les connaissances scientifiques montrent que les mesures isolées et moyennes sur des systèmes entiers sont le plus souvent contre-productives (Walker et Salt, 2006). D'où la question : **Quels concepts (im)mesurables pourraient aider à redéfinir la durabilité et à activer la transformation personnelle/sociale ?**

Un essai précédent a présenté l'approche transdisciplinaire de la connaissance (Nicolescu, 2008) comme un cadre conceptuel possible pour l'inclusion de considérations subjectives et même *sacrées* (en plus des objectifs) dans le processus d'enquête (voir figure 1). Dans cette vision élargie, une combinaison de concepts incommensurables et mesurables peut aider à redéfinir et à réorienter la notion de durabilité.

La question est pertinente : elle remet en question les conceptions sociopolitiques et techniques dominantes, en adoptant une position critique face aux principes et stratégies purement instrumentaux/réductionnistes. Au lieu de cela, un bref dialogue entre des concepts qui se régulent et s'aident mutuellement, tels que l'amour et la liberté, le désapprentissage et l'apprentissage, la richesse réelle et la résilience, sera établi dans la recherche d'un outil de transformation sociale. (Veuillez consulter les définitions dans le glossaire en annexe).

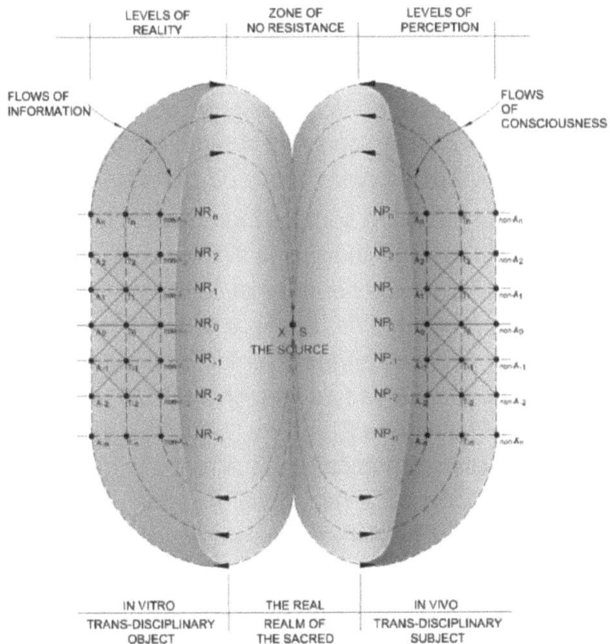

Figure 1. L'objet transdisciplinaire (Nicolescu, 2008)

Amour, liberté, coopération

En restant strictement dans un cadre de philosophie rationnelle, MC Williams argumente : *"La nature humaine est un absolu qui, s'il est ignoré, condamne toute structure politique... Les êtres humains sont insatiablement égoïstes et compétitifs, conformément à la nature de tous les êtres vivants. Et cela n'est pas mauvais. C'est une bénédiction politique"* (Williams, 2002)... le moment de commencer à réfléchir sérieusement aux merveilles de cette "vérité évidente" humaniste n'est peut-être pas loin.

De telles positions absolues ont incité d'autres personnes à se demander : " *Comment se fait-il que nous puissions vivre dans l'entraide, avoir des préoccupations éthiques, et en même temps nier tout cela par la justification rationnelle de l'agression ?* " (Maturana & Verden-Zoeller, 2008)

Après avoir étudié les profondeurs de notre constitution biologique fondamentale pendant des décennies, les biologistes Maturana et Verden-Zoeller affirment que *"... nous sommes le genre d'êtres que nous sommes parce que l'amour a été l'émotion qui a le plus contribué à notre survie a marqué le cours de l'histoire évolutive qui nous a donné naissance"* (Maturana & Verden-Zoeller, 2008). Selon ces scientifiques, l'amour est apparu au milieu du jeu, de la conversation, de la coexistence coopérative, du respect de soi et de l'acceptation mutuelle, agissant comme une base dynamique pour *"l'expansion évolutive et la conservation de l'intelligence"*.

Si les émotions aimantes, le jeu et la créativité sont les ingrédients clés de l'émergence de l'intelligence, alors la pensée libérale de Wilhem von Humboldt peut être reprise et relancée : "...*les hommes qui aiment le travail pour lui-même, l'améliorent par leur propre génie plastique et leur habileté inventive et, de ce fait, cultivent leur intellect, ennoblissent leur caractère et raffinent leurs plaisirs.Tout ce qui ne résulte pas du libre choix de l'homme. reste étranger à sa véritable nature"* (cité dans Chomsky, 1970). En effet, Edgar Morin, à la suite de la connaissance populaire, nous rappelle que si la liberté contemporaine s'arrête au *bout de notre nez*, nous pouvons peut-être atteindre un certain degré de liberté par une *autoproduction* active (Morin, 1980, 2004).

Mais nos actes d'*autoproduction* influencent de manière dynamique notre environnement naturel-socio-culturel : les êtres vivants et leur niche co-évoluent dans un état défini comme un "couplage structurel" (Maturana & Verden-Zoeller, 2008, voir figure 2), une autre manière de réfléchir à l'association importante entre le développement et la coopération entre les humains et avec la nature.

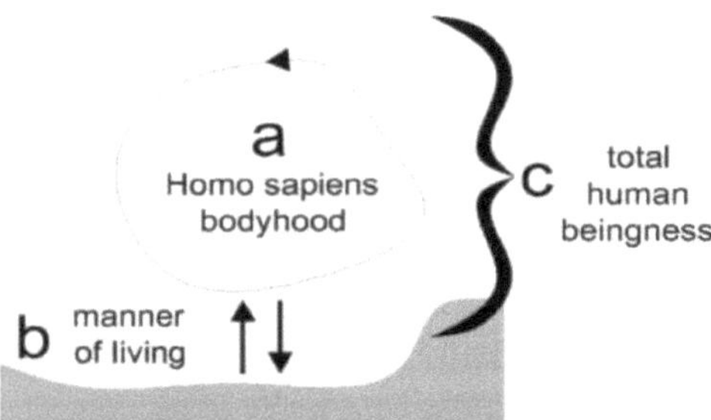

Figure 2. Couplage structurel entre le corps humain, le mode de vie et l'environnement (Maturana & Verden-Zoeller, 2008)

Or, si nous façonnons en permanence notre société et notre environnement par notre *mode de vie*, ne devrions-nous pas être libres et capables de *produire* collectivement l'environnement et la société que nous souhaitons ?

Qu'est-ce qui est préférable, la liberté de coopération ou la coercition humaine, même si elle est *verte* ?

Désapprentissage, apprentissage, connaissance libre

Le développement non durable est en grande partie le résultat d'une *incompréhension* : Par exemple, Ivan Illich a révélé comment les outils industriels atteignent un mur de saturation et de perte de qualité après des phases antérieures d'amélioration de l'efficacité. Prenons l'exemple des transports : au cours du siècle dernier, nous sommes passés de la "*libération par le véhicule à moteur*" à "*l'asservissement par la voiture*" ; l'éducation, l'assistance sociale, les soins de santé et d'autres services ont tous suivi le même chemin (Illich, 1973).

Une vision plus récente de la part d'autres personnes : ajouter des couches supplémentaires de règles, de sophistication technique, de bureaucratie et de contrôle à des sociétés déjà complexes, conduit à des rendements décroissants régressifs (Tainter, 1988). Un plus grand nombre de couches de contrôle, associé à l'épuisement des ressources, peut être une formule pour l'effondrement (Homer-Dixon, 2006), en particulier si des considérations de système plus larges ne sont pas prises en compte (Gunderson et Holling, 2001).

Ainsi, même si l'efficacité des ressources est "*un élément important de toute approche de la durabilité, elle ne constitue pas en soi la solution... en soi, elle a le potentiel de travailler contre la durabilité*" (Walker et Salt, 2006). Plus loin, les principes qui étaient "*appropriés*" pendant une période de croissance peuvent en fait être contre-productifs pendant la transition et la descente ; même si des outils *plus doux* sont introduits, le modèle de pulsation et de pic des systèmes écologiques est inexorable : "*...le changement social est déterminé par les événements du cycle ressource-civilisation*" (Odum et Odum, 2001) (Figure 3).

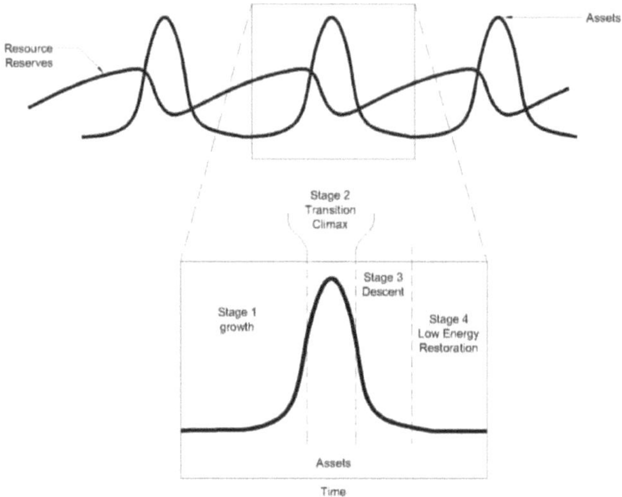

Figure 3. Modèles de pulsation des réserves de ressources et des actifs dans les systèmes écologiques. (Odum et Odum, 2001)

Une meilleure compréhension de notre situation actuelle dans le temps et l'espace peut nous éclairer sur l'apprentissage nécessaire pour affronter *"avec légèreté, prudence et grâce"* (McKibben, 2009) les temps à venir : pour activer l'apprentissage, nous devons commencer par délier les mains... au-delà des énormes quantités de données et de connaissances, nous devons nous concentrer sur le *type de* connaissances et sur la *manière dont* elles doivent être produites et distribuées.

L'éducation doit être libératrice : une pratique stimulante où *"la liberté de chacun se conjugue avec l'amour de la liberté de tous"* (Baillargeon, 2001). Par exemple, une éducation socio-écologique et sexuelle efficace devrait contribuer à libérer la société des préjugés existants, permettant la possibilité de naissances spontanées et le contrôle de la population. Elle devrait également être *collective*, *permanente* et capable de *s'auto-renouveler* constamment (Pineau, 2000).

Rob Hopkins envisage un *enseignement professionnel "inclusif"*, *"holistique"* et *"créatif"*, solidement ancré sur les fondements de la durabilité et du *"renforcement de la résilience"*, conjuguant également écopsychologie, arts et activités culturelles. Les grandes universités se diversifient en incubateurs d'entreprises, en ateliers d'artisanat et en unités d'agriculture intensive ; les centres d'éducation deviennent des contributeurs clés de la communauté locale (Hopkins, 2008).

H. et E. Odum, proposent de développer une *"société d'apprenants"*, où *"la grande université peut être le meilleur espoir de mener la descendance et de préserver les connaissances de l'ère de la croissance"*. Les étudiants apprennent à partager des connaissances communes, à acquérir des compétences de base (*requalification*), à expérimenter librement les nouvelles technologies, à s'engager dans des projets après les cours, à effectuer des stages, à acquérir des expériences professionnelles et à aider la communauté. Des soins médicaux et une assistance nutritionnelle sont également développés et fournis. (Odum et Odum, 2001).

L'expérience d'apprentissage doit embrasser l'ouverture à l'*"altérité"*, pour créer une société de *"dialogue et d'inclusion"* entre *diverses* formes de savoir et de culture (Levinas, 1979, Leff, 2004). Mais l'analyse critique des médias doit également être intégrée, comme une compétence clé pour se libérer du marketing biaisé et de la propagande idéologique déguisée (Baillargeon, 1999). La *co-intelligence* réelle ne peut naître que de la *connaissance libre* et de l'*autonomisation,* offrant la possibilité d'avoir une vie quotidienne autrement austère mais productive (finalement *délicieuse*).

Richesse réelle, subsistance, résilience

L'*économie de subsistance comprend toutes les sphères dans lesquelles les humains produisent en équilibre avec la nature et reproduisent la société par le biais de partenariats, de la mutualité et de la réciprocité. Mais malheureusement, même si l'économie de marché dépend du travail humain en dehors du marché, l'économie de subsistance est rendue invisible et laissée sans ressources... en d'autres termes, sans pouvoir"* (Shiva, 2005).

Vandana Shiva explique comment la subsistance est détruite en détournant les ressources naturelles pour générer de la croissance dans l'économie de marché. Les principes éprouvés de subsistance et d'utilisation des ressources *("satisfaire les besoins de base et assurer la durabilité à long terme")* sont ainsi disloqués (Shiva, 2005).
Selon Howard et Elisabeth Odum, *".le travail de la population humaine génère une richesse réelle, et une richesse réelle est nécessaire pour faire vivre les humains"* mais malheureusement la richesse réelle par personne est

"déjà en train de diminuer". Ce qu'ils veulent dire : *"La nourriture, le logement, les vêtements, les combustibles, les minéraux, les forêts, les pêcheries, les terres, les bâtiments, l'art, la musique et l'information sont des richesses réelles. L'argent en lui-même ne l'est pas."* (Odum et Odum, 2001)

Différentes stratégies tentées pour l'intégration de divers styles d'économies de subsistance et d'autosuffisance, réorientant la production localement, s'efforcent avec beaucoup de difficultés (Jackson, 2009). Cependant, la viabilité des schémas de production locale dépend de (Leff, 2004, 2006) :

- l'appropriation sociale des ressources,
- la capacité d'autonomie locale,
- la productivité dans la gestion intégrée des ressources locales,
- la récupération des sources de connaissances traditionnelles,
- son amélioration par l'incorporation *sélective* de techniques nouvelles et alternatives.

Mais la reconstitution de la richesse réelle doit également concerner les villes. Les infrastructures obsolètes seront remplacées et des espaces verts et des pistes cyclables plus grands ou mieux répartis seront introduits. Les déplacements domicile-travail seront réduits et la vie en groupe augmentée ; la publicité excessive sera démantelée (Odum et Odum, 2001) ; le libre échange des connaissances sera diffusé. Certaines de ces mesures ont déjà été prises dans des villes comme Détroit (Ville de Détroit, 2010).

La subsistance et la richesse réelle peuvent contribuer à développer la *résilience* ou la capacité de *"travailler avec le changement, au lieu d'en être victime"* (Walker et Salt, 2006). Mais pour ce faire, le changement lui-même doit être compris et même *engagé* ; le *cycle adaptatif* d'effondrement et de renouvellement des systèmes doit être digéré, avec un potentiel créatif, une connectivité et une résilience incorporés comme notions clés du comportement systémique (Figure 4) (Homer Dixon, 2006, Gunderson et Holling, 2002).

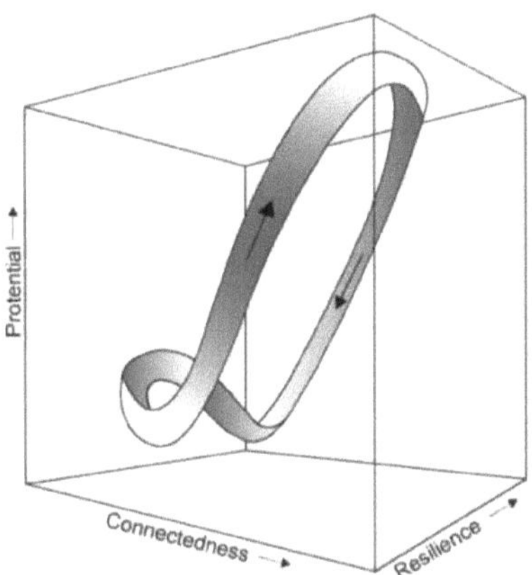

Figure 4. Représentation 3D du cycle adaptatif (Homer Dixon, 2006)

Les premiers cycles de croissance présentent une augmentation de la diversité et des flux généreux d'énergie, de nutriments, d'informations (génétiques), de connectivité, de densité de liens et de potentiel de nouveauté. Les espèces et les organismes deviennent progressivement plus spécialisés et efficaces dans leur niche. Mais une connectivité et une spécialisation toujours plus grandes finissent par entraîner des rendements décroissants et une perte de résilience (plus de rigidité et donc de fragilité du système). Si le cycle de descente implique une perte significative de biomasse et de connectivité, il libère un potentiel de créativité qui facilite les recombinaisons nouvelles et imprévisibles (Homer Dixon, 2006, Gunderson et Holling, 2002, Walker et Salt, 2006, Gunderson et al., 2009).

Au sein des cycles adaptatifs, le système peut être capable de *"résister à un changement constant"* tout en *"maintenant sa fonctionnalité"* (Walker et Salt, 2006), une capacité systémique qui est *progressivement* désactivée par la production linéaire triomphante et sa dissémination omniprésente de fragilité et de *"schizophrénie"* (Deleuze et Guattari, 1979).

Il est nécessaire de connaître à toutes les échelles les seuils et l'imbrication des cycles systémiques dans l'espace et dans le temps (des bactéries du sol aux écosystèmes entiers et des secondes aux époques géologiques) ; le comportement de cette multiplicité de cycles imbriqués est crucial pour la performance dynamique globale (Walker et Salt, 2006).

Une meilleure *compréhension* et le *lancement opérationnel transdisciplinaire de* ces principes peuvent nous aider à redéfinir des concepts tels que la *durabilité*, l'*efficacité* et l'*optimisation des systèmes* (Walker et Salt, 2006) en espérant un monde capable d'accueillir le changement et la *convivialité*.

Les fils de convivialité : un outil conceptuel

L'objectif de ce court dialogue réflexif a été d'aider à la conception d'un outil conceptuel de transformation : Nous avons parcouru trois ensembles de triades conceptuelles, qui ne sont en aucun cas statiques ou absolues (Figure 4).

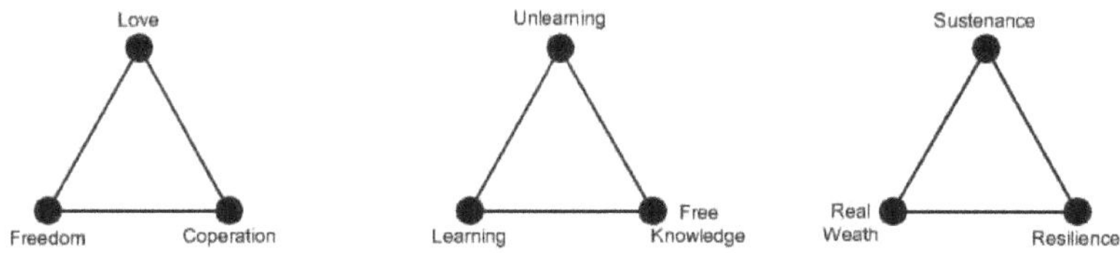

Figure 5. Les trois triades

La sélection des composantes de la triade (amour-liberté-coopération) n'est en aucun cas neutre, mais elle n'est pas non plus censée être fixe. N'importe quel ensemble de trois composantes pourrait être activé. La seule condition préalable est qu'ils doivent traverser les disciplines : certains composants seront plus mesurables (objectifs), d'autres feront l'objet d'une expérience vivante (subjective), mais le noyau éthique sera incommensurable (*sacré*) (figure 1).

Le jeu de la réflexion a commencé par des ensembles de **deux** éléments, afin d'établir une relation dialogique entre eux (figure 5). Cependant, on s'est rendu compte par la suite que deux éléments ne suffiraient pas, restant dans une logique circulaire ; l'inclusion d'un troisième élément sert de vecteur d'*action directe...*

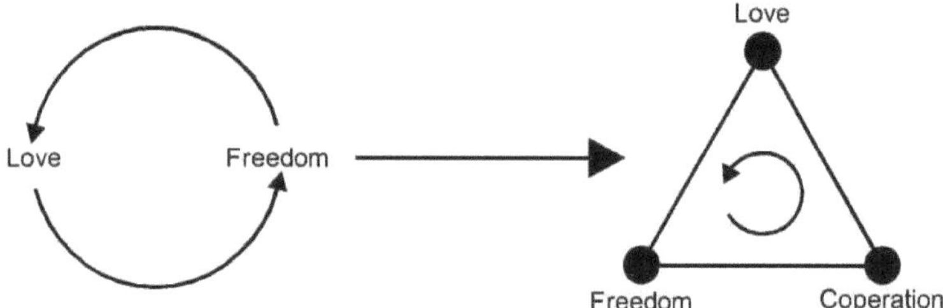

Figure 6. De la dynamique circulaire vers la dynamique d'hélice...

...générant un fil vertueux (Figure 6) : des *fils de premier ordre* qui, se déployant à petite échelle, couvrent les trois domaines disciplinaires : sacré, subjectif, objectif.

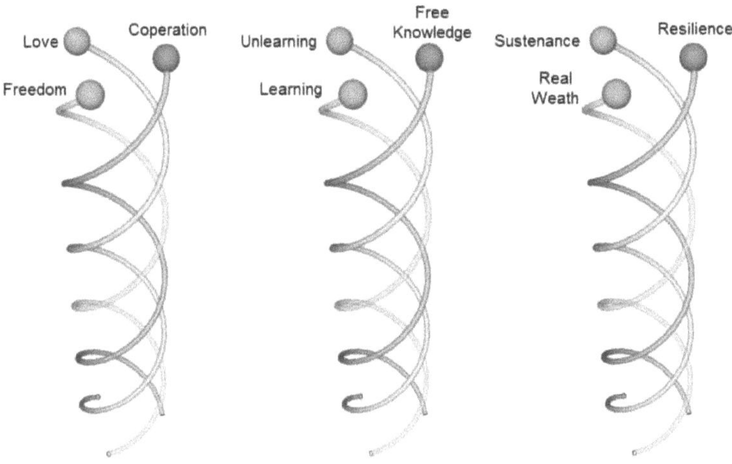

Figure 7. Déploiement des brins de premier ordre

En tissant ensemble trois brins de premier ordre, les communautés peuvent produire des *brins de second ordre* (figure 7) .....

Figure 8. *Brin de* second ordre ou de *communauté*

et. à mesure que d'autres nous rejoindront, nous déploierons un *réseau de convivialité de* troisième ordre (au-delà d'un "filet de sécurité" : un filet vertueux et créatif) afin de renouveler notre potentiel post-industriel de coopération, de connaissance libre et de renforcement de la résilience (figure 8).

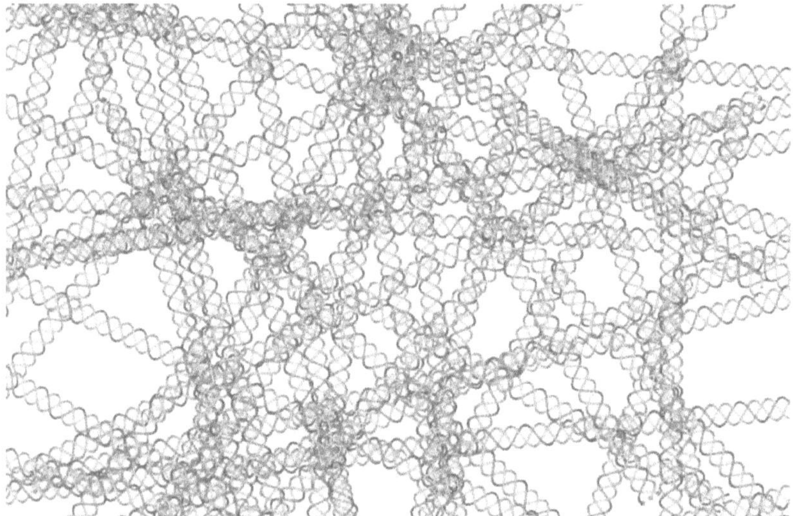

Figure 8. Web de convivialité

CONCLUSION

Quels concepts (im)mesurables pourraient aider à redéfinir la durabilité et à activer la transformation personnelle/sociale ?

Le concept proposé pour activer la transformation est le *Web de la convivialité* brièvement déployé. Bien que l'objectif et la portée de cet essai restent qualitatifs, l'exercice réalisé suggère les indicateurs suivants comme mesure de la progression effective vers la transformation :

- Coopération, gouvernement local et appropriation des ressources locales.
- Éducation ouverte et distribuée, médias libres et propriété intellectuelle libre.
- Real Wealth (Emergy accounting, (Odum, 1996)), indicateurs de production/consommation locale et de résilience des systèmes.

Limites de cet essai

- Le concept reste au niveau théorique préliminaire et doit être affiné.
- Le lancement et la mise en œuvre/les tests sont apparemment difficiles (ils peuvent se multiplier au fur et à mesure que les événements se succèdent).
- La théorie et la pratique/opération doivent être imbriquées de manière dynamique.
- Les indicateurs de mesure associés, à peine indiqués, nécessitent une étude beaucoup plus approfondie.
- Recherches approfondies sur le web et *in situ* à des fins de comparaison/complémentarité, non effectuées.

Implications pour l'orthodoxie existante

- Fournit une alternative à l'éco-efficacité linéaire, qui est un point de vue irréductible et qui réussit à recruter.
- Les éléments non mesurables peuvent et *doivent faire partie* de la boîte à outils.
- Les outils sont censés donner du pouvoir et s'étendre transversalement, et non pas contrôler et commander ou *sub-jeter* (*sous le sujet, ce* qui semble gravement entraver la durabilité).

• La composante temporelle de l'*expérience vécue* est également rendue intrinsèque.
• Ne vous contentez pas d'outils plus doux et plus propres (bien qu'il s'agisse d'une partie) : pensez à la *restructuration*.

Implications pour de futures recherches

• Effectuez l'exercice en utilisant plusieurs composants conceptuels.
• Incorporez les suggestions des autres : rendez le tout collectif.
• Comparer avec des efforts simultanés et/ou similaires en cours : plus de recherche sur le web et *in situ*.
• L'exposer au questionnement critique des personnes expérimentées dans l'action sociale.
• Affiner les aspects quantitatifs (c.-à-d. variables clés ? seuils ?)
• Faites-en une pratique.
• Désapprenez-le, réapprenez-le.

GLOSSAIRE

Cycles adaptatifs : "Une façon de décrire la progression des systèmes socio-écologiques à travers diverses phases d'organisation et de fonctionnement. Quatre phases sont identifiées : croissance rapide, conservation, relâchement et réorganisation. La manière dont le système se comporte est différente d'une phase à l'autre, avec des changements dans la force des connexions internes du système, sa flexibilité et sa résilience." (Walker et Salt, 2006).
Convivialité : Voir transformation personnelle/sociale.

Liberté : la condition ou le droit d'être capable ou autorisé à faire, dire, penser, etc., ce que vous voulez, sans être contrôlé ou limité (Cambridge, 2010). Un droit d'**agir de la** manière dont vous pensez que vous devriez le faire (Cambridge, 2010, souligné par l'auteur). La liberté et l'autonomisation vont de pair, en particulier la liberté de développer tout votre potentiel et de choisir un mode de vie collaboratif.

Immesurable : si grand ou si grand qu'il ne peut être mesuré ou connu exactement (Cambridge, 2010.

(Im)mesurable : Hybride de concepts mesurables et incommensurables utilisé ici comme une provocation espérant ouvrir la voie à l'incommensurable.

L'apprentissage : l'activité (*tout au long de la vie*) consistant à acquérir des connaissances (Cambridge, 2010, entre parenthèses par l'auteur).

L'amour : Émotion humaine fondamentale à la source de l'intelligence, de l'attention mutuelle et de la coopération.

Mesurable : capable d'être mesuré, ou suffisamment important pour être remarqué (Cambridge, 2010).

Transformation personnelle/sociale : Si l'on veut développer la durabilité, une transformation personnelle et sociale est nécessaire et doit se dérouler simultanément, les deux se nourrissant l'une de l'autre. Nous nous sommes inspirés ici de la notion de convivialité avancée par Ivan Illich (Illich, 1973) : *"Une telle entreprise collective limiterait les dimensions et la portée des outils afin de protéger les valeurs essentielles suivantes : la survie, l'équité, l'autonomie créative".* Veuillez comparer/contraster la *survie* avec la *subsistance*, l'*équité* avec la *coopération* et l'*autonomie créative* avec la *connaissance libre* et l'*apprentissage/désapprentissage*.

Résilience : "La quantité de changement qu'un système peut subir (sa capacité à absorber les perturbations) et rester dans le même régime - en conservant essentiellement la même fonction, la même structure et les mêmes rétroactions" (Walker et Salt, 2006).

Sustentation : Nourriture : Capacité de la nourriture à fournir aux personnes et aux animaux ce dont ils ont besoin pour être forts et en bonne santé. Soutien : Soutien émotionnel ou mental (Cambridge, 2010). Le concept peut également être étendu à l'apprentissage (c'est-à-dire à la *nourriture pour la pensée*) et à l'économie (Shiva, 2005).

BIBLIOGRAPHIE

- Adarve, A. (2006) *Passive Coolong for Complex Buildings in a Humid Tropical Area - Study Case, Colombia* (2006). PLEA 2006 - The 23rd Conference on Passive and Low Energy Architecture, Genève, Suisse, septembre 2006.
- Akbari, H. (2007), *Opportunities for Saving Energy and Improving Air Quality in Urban Heat Islands*, in Santamouris, M., Ed. (2007), Advances in Passive Cooling, EarthScan, London and Virginia.
- Barbosa, C. et Chebel, L. (2006) *Evaporative Coolong in Tropical Ckimate : Case Study of Campinas, Brazil* (2006). PLEA 2006 - The 23rd Conference on Passive and Low Energy Architecture, Genève, Suisse, septembre 2006.
- Eicker, U. (2009), *Low Energy Cooling for Sustainable Buildins*, John Wiley and Sons, Ltd, West Sussex, UK.
- Ford, B., Schiano-Phan, R. et Zhongcheng, D., Ed. (2007), *The Passivhaus Standard in European Warm Climates : Design Guidelines for Comfortable Low Energy Homes*, School of the Built Environment, University of Nottingham. Récupéré sur le Web le 2 novembre[nd] , 2009 : http://www.passive-on.org/CD/
- Givoni, B, (1994), *Passive and Low Energy Cooling of Buildings*, John Wiley and Sons, Inc, New York.
- Harris, C. et Borer, P. (1998, 2005), *The Wole House Book*, Center for Alternative Technology, Machynlleth, Powys, UK.
- Koch-Nielsen, H. (2008), Stay Cool - *A Design Guide for the Built Environment in Hot Climates*, Earthscan Publishing, The Cromwell Press, Londres, Royaume-Uni.
- Kolokotroni , M. et Santamouris, M., *Ventilation for Cooling*, in Santamouris, M., Ed. (2007), Advances in Passive Cooling, EarthScan, London and Virginia.
- Laar, M. et Grimme, F.W. (2002), *Sustainable Buildings in the Tropics*, Proceedings of the World Climate and Energy Event, Rio 2002. Récupéré sur le World Wide Web le 5 novembre[th] 2009 : http://www.rio02.com/proceedings/pdf/159 Grimme.pdf
- Liébard, A. et De Herde, A. (2000), *Guide de l'architecture bioclimatique - Tome 2 : Construire avec le climat*, Observatoire des énergies renouvelables, Paris, France.
- Liébard, A. et De Herde, A. (2000), *Guide de l'architecture bioclimatique - Tome 3 : Construire en climas chauds*, Observatoire des énergies

renouvelables, Paris, France.

- Malik, A. et Rahman, A. (2005), *Solar Powered Energy Efficient Building as an Identity of Tropical Architecture*, Centre for Education, Trainning and Research in Renewable Energy and Energy Efficiency, University Sains, Malaysia. Récupéré sur le world wide web le 6 novembre[th] 2009 : http://www.pam.org.my/AM/18-2/P19 practice66- 68.pdf

- Mueller, H. (2006), *Examples of Energy Efficieent Architecture for Developing and Developed Countries*, Faculté de construction, Université de Dortmund. Consulté sur le web le 12 novembre[th] , 2009 : http://public.ises.org/PREA/3 Papers/9 EEArchitecture Mueller.pdf

- Nicol, F. et Roaf, S. (2007), *Adpative Thermal Comfort and Passive Architecture*, in Santamouris, M., Ed. (2007), Advances in Passive Cooling, EarthScan, London and Virginia.

- Nugroho, A. et bin Ahmad, M. (2005), *Possibility to use solar-induced ventilation strategies in tropical conditions by computational fluid dynamics*, Proceedings of the 6th Seminar on Sustainable Environmental Architecture, Institut Teknology Bandung, Indonesia. Récupéré sur le World Wide Web le 5 novembre[th] , 2009 : http://eprints.utm.my/2315/1/17-Appendix B.pdfhttp://eprints.utm.my/2315/1/17-Appendix B.pdf

- Parker, D., (2009), *Microgeneration - low energy strategies for larger buildings*, Elsevier Architectural Press, Oxford, UK.

- Sacré, C., Millet, J.R., Gandemer, J et Barnaud, G. (1992), *Guide sur la climatisation naturelle de l'habitat en climat tropical humide. Tome 1 : Méthodologie de prise en compte des paramètres climatiques dans l'habitat et conseils pratiques*, Centre Scientifique et Technique du Bâtiment, Nantes, France.

  - Sanjay, S. et Prabha, C. (2008), *Passive Cooling Techniques of Buildings : Past and Present - A Review.* ARISER, Vol 4 N. 1. Récupéré sur le World Wide Web le 4 novembre[th] 2009 : http://www.arabrise.org/articles/A040105S.pdf

  - Salomon, T. et Aubert, C. (2004), *Fraîcheur Sans Clim' - Le guide des alternatives écologiques*, Terre Vivante Editions, Mens, France.

  - Sartogo, F. et Calderaro, V. (2007), *Natural Ventilation and Building Low Energy Cooling as New Culture for City Planning Design.* Second PALENC Conference on Building Low Energy Cooling and Advanced Ventilation Technology in the 21st Century, Crète, Grèce.

  - Songowawa, T, Adebamowa, M. et Godwin, J. (2008), *Cooling, comfort and low energy design in warm humid climate ; The case of Lagos, Nigeria.* Actes de la conférence sur la climatisation et le défi du refroidissement à faible teneur en carbone, Windsor, Royaume-Uni. Réseau pour le confort et l'utilisation de l'énergie dans les bâtiments. Récupéré sur le web le 6 novembre[th] , 2009 : http://nceub.org.uk/uploads/W2008 20Sangowawa.pdf

- Voss, K. et al. (2007), *Solar Control*, in Santamouris, M., Ed. (2007), Advances in Passive Cooling, EarthScan, London and Virginia.
- Alexander, C. (2004), " The Nature of Order - An Essay on the Art of Building and The Nature of the Universe - Book Four - The Luminous Ground ", The Center for Environmental Structure, Berkeley, Ca, USA.
- Benkirane, R. Ed. (2006), "la Complexité, vertiges et promesses - 18 histoires de sciences", Editions Le Pommier, Paris, France.

- D'Espagnat, B. (1994), " Le réel voilé - Analyse des concepts quantiques, Fayard, Paris, France.
- Holmgren, D. (2002), "Permaculture - Principles and Pathways Beyond Sustainability", Holmgren Design Service, Victoria, Australie.
- Montuori, A. (2008), "Foreword : Transdisciplinarity", in Nicolescu, Ed. (2008) "Transdisciplinarity - Theory and Practice", Hampton Press Inc, NJ, USA.
- Morin, E. (2008), "La réforme de la pensée, la transdisciplinarité et la réforme de l'université", dans Nicolescu, Ed. (2008) "Transdisciplinarity - Theory and Practice", Hampton Press Inc, NJ, USA.
- Morin, E. (1977), "La Nature de la Nature", Editions du Seuil, Paris.
- Morin, E. (1980), "La Vie de la Vie", Editions du Seuil, Paris.
- Morin, E. (1986), "La Connaissance de la Conaissance)", Editions du Seuil, Paris.
- Morin, E. (1991), "Les Idées", Editions du Seuil, Paris.
- Morin, E. (2001), "L'Humanité de l'Humanité", Editions du Seuil, Paris.
- Morin, E. (2004), "L'Ethique", Editions du Seuil, Paris.
- Naess, A. (1989), "Ecology, Community and Lifestyle", Cambridge University Press, Cambridge, UK.
- Neyrat, F. (2008) "Biopolitique des Catastrophes", Editions MF, Paris, France.
- Nicolescu, B. (2008), "*In Vitro* and *In Vivo* Knowledge - Methodology of Transdisciplinarity", in Nicolescu, Ed. (2008) "Transdisciplinarity - Theory and Practice", Hampton Press Inc., NJ, USA.
- Shiva, V. (2005), "Earth Democracy - Justice, Sustainability and Peace", South End Press, Cambridge, MA.
- Jullien, F. (2006), "De l'universel, de l'uniforme, du commun et du dialogue des cultures", Editions Fayard, Paris.

- Roszak, T. (1992 et 2001), " The Voice of the Earth ", Phanes Press Inc, MI, USA.
- Varela, F. (1994), "Quel Savoir pour l'Ethique - Action, segesse et cogntion" Editions La Decouverte, Paris, France.
- Baillargeon, " L'Ordre moins le pouvoir ", Editions Lux, Montréal, 2001.Chomsky, Noam, " Government in the Future ", Seven Stories Press, New York, 1970-2005.

- Dictionnaire en ligne de Cambridge, www.dictionary.cambridge.org, consulté le 24 octobre 2010.
- Ville de Detroit, " Urban Agricultural Policy for the City of Detroit (Status Report) ", City Planning Commission, Detroit Michigan, 18 mars[th] , 2010, http://www.detroitagriculture.org/GRP Website/Home files/uaw official Ur banAgPolicyDraft1-1.pdf, consulté le 01 novembre 2010.
- Colson, D., "Petit lexique philosophique de l'anarchisme - de Prudhon à Deleuze, Livre de Poche, Paris, 2001.
- Daly, H., " Beyond Growth - The Economics of Sustainable Development ", Beacon Press, Boston, 1996.
- Deleuze, G. et Guattari, F., " Capitalisme et schizofrénie. Mille Plateaux ", Editions de Minuit, Paris, 1979.
- Dupuy, Jean Pierre, " Pour un catastrophisme éclairé - Quand l'impossible est certain ", Editions du Seuil, Paris, 2002.
- Gunderson, L., Allen, C. et Holling C., eds, "Panarchy - Understanding transformations in human and natural systems", Island Press, Washington DC, 2002.
- Gunderson, L., Allen, C. et Holling C., eds, "Foundations of Ecological Resilience", Island Press, Washington DC, 2009.
- Holmgren, D., "Permaculture - principles and pathways beyond sustainability", Holmgren Design Services, Victoria, Australie, 2002.
- Homer Dixon, Thomas, "The Upside of down - Catastrophe, creativity and the renewal of civilization", Island Press, Washington, 2006.
- Hopkins, Rob, "The Transition Handbook - from oil dependence to local resilience", Green Books, Totnes, Devon, 2008.
- Illich, Ivan, "La Convivialité", Editions du Seuil, Paris, 1973.
- Jackson, T., " Prosperity without growth - Economics for a finite planet. ", earthscan, Londres, 2009.
- Jullien, F. (2006), "De l'universel, de l'uniforme, du commun et du dialogue des cultures", Editions Fayard, Paris.

- Leff, E., " Racionalidad Ambiental : la reapropiación social de la naturaleza ", Siglo XXI Editores, Mexico DF, 2004.
- Leff, E., "Aventuras de la Epistemología Ambiental", Siglo XXI editores, México, 2006.
- Levinas, E., " Le temps et l'autre . ", PUF, Paris, 1979.
- Maturana, H. et Verden-Zoller, V., " The origin of humanness in the biology of love ", Imprint Academic, Exeter, UK, 2008.
- McKibben, B., "Eaarth - making a life on a tough new planet", Times Books, New York, 2010.

- Morin, E. (1977), "La Nature de la Nature", Editions du Seuil, Paris.
- Morin, E. (1980), "La Vie de la Vie", Editions du Seuil, Paris.
- Morin, E. (1986), "La Connaissance de la Conaissance)", Editions du Seuil, Paris.
- Morin, E. (1991), "Les Idées", Editions du Seuil, Paris.
- Morin, E. (2001), "L'Humanité de l'Humanité", Editions du Seuil, Paris.
- Morin, E. (2004), "L'Ethique", Editions du Seuil, Paris.
- Nicolescu, B. (2008), "*In Vitro* and *In Vivo* Knowledge - Methodology of Transdisciplinarity", in Nicolescu, Ed. (2008) "Transdisciplinarity - Theory and Practice", Hampton Press Inc., NJ, USA.
- Odum, H.T. et Odum, E., "A prosperous way down - Principles and policies", University Press of Colorado, Boulder, 2001.
- Pineau, Gaston, "Temporalités en formation - vers des nouveaux synchroniseurs", Anthropos, Paris, 2000.
- Kropotkine, P., " L'entraide - Un facteur d'évolution ", Livres oubliés, www.forgottenbooks.org, première publication en 1902, réédité en 2008.
- Shiva, V. (2005), "Earth Democracy - Justice, Sustainability and Peace", South End Press, Cambridge, MA.
- Tainter, J. "The collapse of complex societies", , Cambridge University Press, 1988.
- Walker, B. et Salt, D., "Resilience Thinking : Sustaining Ecosystems and People in a Changing World", Island Press, Washington, 2006.
- Williams, M.C., "America On Trial - The theoretical injustice of American Government", Illumina Press, Coral Springs, Florida, 2003.

Le chemin du bord de la rivière

Avant le bogue de l'an 2000, les illusions se décomposaient tandis que la quête du réel sortait des quais. Étudier en faisant, est devenu la ligne recherchée, tout en plantant quelques graines ainsi trouvées sur place.

Personnellement d'abord, puis son chemin vers le public de punch, l'opportunité a été trouvée dans une cour de récréation de la république. Les apprentissages, les émotions et la vision ont été déversés, avec intrépidité et passion, beaucoup de choses ont été explorées.

La mi-journée tempérée a pu couler, 2014 a apporté des paillettes et des lueurs.

La graine a été implantée, l'extension a commencé, en commençant tout
simplement sur les ruines de l'ancien.

(Photographie de Daniel
Harris)

De cela presque rien, considéré comme mort, pour que le réel se manifeste
pour apporter la vie à la place.

Humble et fort, long et court, subtil, dur et doux à la fois, la plupart du temps
une bataille.
Faire avec ce qui était ; apprécier ce qui est, minimal en quelque sorte,
écologique en soi.

Rural, suburbain, fragmenté, il l'était, mais maintenant micro-urbain

l'atmosphère court, arrangeant la foule pour faire l'expérience des brioches.

Une structure si vivante, locale mais non liée, simplement axée sur les sentiments et les émotions trouvées. Se nourrir, nourrir, entendre la vision, déployer sensuellement l'acte d'une mission.

Construit sur des restes, des vestiges, des ruines d'une époque révolue qui se perd. Comme un phénix, il s'élève pour vivre maintenant pour toujours, avec une existence matérielle éphémère, toujours.

Sa phase, son lieu temporel, devrait être construit en bois, cher il semblait ainsi assumer l'humeur hybride.

Mais qui se soucie de la pureté, quand elle doit purifier, alors optez pour un simple pry peu orthodoxe !

(Photographie de Daniel Harris)

Les éléments construits sur place en bois de plantation, se marient bien avec la cuisine au bois et la nourriture biologique. Le verger, le compostage, les agriculteurs locaux créent, se mélangent pour traîner dans cet espace de vie.

Ajoutez un peu de perméabilité, de ventilation et de peau, qui deviennent ensemble les parties d'une famille. Une tapisserie articulée où se mêlent les contraires, pour favoriser la santé, la gastronomie et le plaisir sans fin.

(Photographie de gauche par Daniel Harris)

Plutôt gentil et inclusif, sincère et austère, alternative attrayante pour ceux qui adhèrent. Loisirs, sérénité, joie à jamais pour tous ceux qui recherchent la paix, vous savez, rien de plus !

Entre la pensée et l'expérience, l'écart peut être comblé, pour ouvrir le cœur, pour que la vie se déploie.

Ainsi, avec cette aventure, la boucle est bouclée, un nouveau cycle s'ouvre, du jaune au violet.

Une vision à faible émission de carbone sans orthodoxie, un système qui s'est imposé sans avoir besoin d'une procuration.

Techniquement improbable, il le sera toujours, pour que le monde continue, tant que nous le laisserons faire.

24 juinth , 2018